CHRISTIAN MORGENSTERN

EINE GLÜCKLICHE EHE

MIT BILDERN VON GERHARD GLÜCK

LAPPAN

Frau Schmitt hatte ihren Mann jahrelang unterschätzt!

Inhaltsverzeichnis

Herr Kölbel überlegt gerade, wann er seine Frau zum letzten Mal »süßes Bienchen« genannt haben könnte.

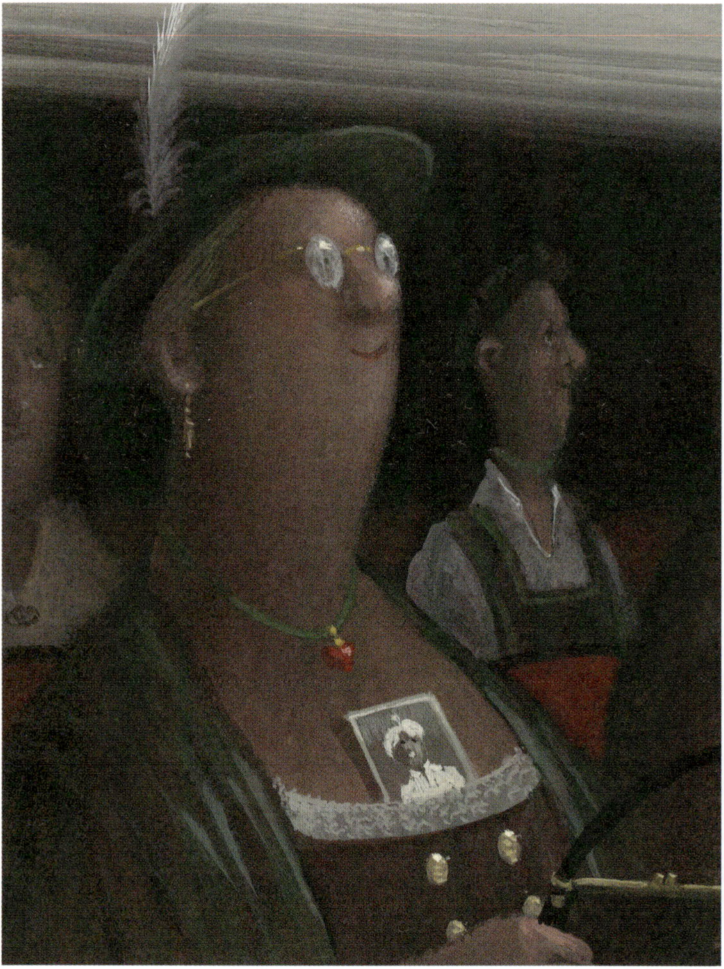

DEINE ROSEN AN DER BRUST

Deine Rosen an der Brust,
sitz' ich unter fremden Menschen,
lass' sie reden, lass' sie lärmen,
jung Geheimnis tief im Herzen.

Wenn ich einstimm' in ihr Lachen,
ist's das Lachen meiner Liebe;
wenn ich ernst dem Nachbar lausche,
lausch' ich selig still nach innen.

Einen ganzen langen Abend
muss ich fern dir, Liebster, weilen,
küssend heimlich, ohne Ende,
Deine Rosen an der Brust.

HIER IM WALD MIT DIR ZU LIEGEN

Hier im Wald mit dir zu liegen,
moosgebettet, windumatmet,
in das Flüstern, in das Rauschen
leise liebe Worte mischend,
öfter aber noch dem Schweigen
lange Küsse zugesellend,
unerschöpflich – unersättlich,
hingegebne, hingenommne,
ineinander aufgelöste,
zeitvergessne, weltvergessne.
Hier im Wald mit dir zu liegen,
moosgebettet, windumatmet.

Seit Stunden wartet die Marquise auf irgendeinen Schäfer.

DIE ZWEI WURZELN

Zwei Tannenwurzeln groß und alt
unterhalten sich im Wald.

Was droben in den Wipfeln rauscht,
das wird hier unten ausgetauscht.

Ein altes Eichhorn sitzt dabei
und strickt wohl Strümpfe für die zwei.

Die eine sagt: knig. Die andre sagt: knag.
Das ist genug für einen Tag.

Der Nachtschelm und das Siebenschwein
oder

EINE GLÜCKLICHE EHE

Der Nachtschelm und das Siebenschwein,
die gingen eine Ehe ein,
o wehe!

Sie hatten dreizehn Kinder, und
davon war eins der Schluchtenhund,
zwei andre waren Rehe.

Das vierte war die Rabenmaus,
das fünfte war ein Schneck samt Haus,
o Wunder!
Das sechste war ein Käuzelein,
das siebte war ein Siebenschwein
und lebte in Burgunder.

Acht war ein Gürteltier nebst Gurt,
neun starb sofort nach der Geburt,
o wehe!

Von zehn bis dreizehn ist nicht klar; –
doch wie dem auch gewesen war,
es war eine glückliche Ehe!

SEGELFAHRT

Nun sänftigt sich die Seele wieder
und atmet mit dem blauen Tag,
und durch die auferstandnen Glieder
pocht frischen Bluts erstarkter Schlag.

Wir sitzen plaudernd Seit an Seite
und fühlen unser Herz vereint;
gewaltig strebt das Boot ins Weite,
und wir, wir ahnen, was es meint.

»Kommt die Flut?«

Gegen einen geringen Aufpreis wacht Security-Man Albert seit gestern auch über die Träume von Ute und Rudi Grunzmann.

Es ist Nacht,
und mein Herz kommt zu dir,
hält's nicht aus,
hält's nicht aus mehr bei mir.

Legt sich dir auf die Brust,
wie ein Stein,
sinkt hinein,
zu dem deinen hinein.

Dort erst,
dort erst kommt es zur Ruh,
liegt am Grund
seines ewigen Du.

HAB MICH LIEB!

Jetzt bist du da, dann bist du dort,
Jetzt bist du nah, dann bist du fort,
Kannst du's fassen? Und über eine Zeit
gehen wir beide in die Ewigkeit
dahin – dorthin. Und was blieb? ...
Komm, schließ die Augen und hab mich lieb.

Manchmal erkennt man Paar-Probleme auf den ersten Blick.

Bodo Graf von Hickelsteins antiquierte Brautwerbung scheiterte letztlich an Lauras Taubenallergie!

LIEB OHNE WORTE

Mich erfüllt Liebestoben zu dir!
Ich bin deinst,
als ob einst
wir vereinigst.

Sei du meinst!
Komm Liebchenstche zu mir! –
ich vergehste sonst
sehnsuchtstgepeinigst.

Achst, achst, schwachst schwachst arms
Wortleinstche, was?
Genug denn, auch du, auch du liebsest.
Fühls, fühls ganzst ohne Worte: sein Meinstlein!
Ich sehne dich sprachlosestest.

Aus der ach so karg gefüllten Schale unseres Herzens
lasst uns Liebe schöpfen, wo nur immer einer Seele
Schale leer steht und nach Liebe dürstet.

Nicht versiegen drum wird unsere Schale,
steigen wird die so geschöpfte Flut, nicht fallen,
Fülle wird das Los des so verschwenderischen Herzens.

WAS WILLST DU LIEBE DENN –

– »Was willst du Liebe denn,
wenn
du ein Mensch? –«
Ja, höhnt nur, höhnt!
Kein Hohn versöhnt
mit dem Unheilbaren:
dass wir »Unteilbaren«
im Ernst
un-teilbar sind
bis in den Tod.

Wir merkten bald im Reden-Wechselspiel,
Wie wir zu hundert bunten Dingen standen;
Und eine Kinderfreude überfiel
Uns heimlich, da wir uns so ähnlich fanden.

Wir wussten uns nichts mehr zu sagen,
Und was wir sagten, wurde seicht.
Von der verwirrendsten der Fragen
Fühlten wir unsre Herzen schlagen.

Und wir beide zitterten leicht.

Die Bremers üben schon mal den Ernstfall.

Im Urwald stieg das Bildungsniveau erheblich, nachdem Tarzan Lesen und Schreiben gelernt hatte.

Kleines Lied

Und werden wir uns nie besitzen,
so will ich Deinen Namen doch
ins Holz der Weltenesche schnitzen,
ein Zeugnis fernstem Volke noch.

So sollen tausend Herzen lesen,
die gern ein kleines Lied beglückt,
Was Du dem Einsamen gewesen,
Wie Du ihn innerlichst entzückt.

Und wir werden zusammen schweigen –
und ich werde mein Haupt an dich legen –
und du wirst dein Haupt auf mich neigen –
und ich werde den Nacken bewegen
und deinen Lippen entgegenstreben
und Leben
von ihnen trinken
und ihnen spenden –
und wieder zurück dann sinken
und Brust nur und Wimper noch regen –
und dann werden wir wieder zusammen
schweigen –
um dann aber das Schweigen zu enden –
und aber zu enden in Schweigen –
in ewigen Wenden.

Die Kunzes sind enttäuscht! Auch nach der zweiten Kanne Hanftee verspüren sie kein positiveres Lebensgefühl.

Vor vielen Jahren hatte Herr M. einen Traum, den er seiner Frau nie verzieh: Sie hatte ihn mit Humphrey Bogart betrogen.

An Margareta

Ich habe nicht gewusst, dass so viel Liebe
in einem Menschen sein kann – und zu mir.
Zwar – ich bin ungerecht. Und doch – es hat
mich nimmermehr zuvor so überwältigt.

So will ich sagen: Wissen um die Liebe,
das tat ich stets, und war auch wohl ihr Gast,
so wie ein Gast von Heim und Herdglut weiß.
Durch dich erst aber glaub' ich an die Liebe.

Selbst (und das ist das schwerste) an die meine;
an meine Fähigkeit zu jener letzten
Ver-einigung des ewig sonst Ent-zweiten.

Nun nicht mehr Gast nur wandl' ich durch
die Zeiten, –
nun sitz ich selbst am Herd und atme Frieden,
und glaub an alle Liebe – durch die deine.

Anmutiger Vertrag

Auf der Bank im Walde
han sich gestern zwei geküsst.
Heute kommt die Nachtigall
und holt sich, was geblieben ist.

Das Mädchen hat beim Scheiden
die Zöpfe neu sich aufgesteckt …
Ei, wie viel blonde Seide da
die Nachtigall entdeckt!

Den Schnabel voller Fäden,
kehrt Nachtigall nach Haus
und legt das zarte Nestchen
Mit ihrem Golde aus.

Freund Nachtigall, Freund Nachtigall,
so bleib's in allen Jahren! –:
Mir werd' ein Schnäblein voll Gesang,
dir eins voll Liebchens Haaren!

Eigentlich wollte Herr Ehmer nur scherzhaft daran erinnern, dass es seit genau 40 Jahren jeden Montag Hühnerbrühe gibt.

Sie an ihn

Es ist vielleicht das letzte Mal,
Dass Deine Hand in meiner ruht …
So nah Dein Blut an meinem Blut …
O wüsstest Du von meiner Qual!

Du aber lächelst hell und gut
Mit Deiner Augen stillem Strahl …
Du Wandrer weißt nicht, wie es tut:
Es ist vielleicht das letzte Mal!

»Unser Idyll trügt, Mechthild! Bedenk nur, dass wir eigentlich mit 107118 Stundenkilometern durchs All rasen!«

Auch Frau Hilberts original brasilianisches Karnevalskostüm konnte ihre Ehe nicht mehr retten.

LEERE

Mein Herz ist leer,
ich liebe dich
nicht mehr.

Erfülle mich!
Ich rufe bitterlich
nach dir.

Im Traume zeig
dich mir
und neig
dich zu mir her!

Erfülle mich
mit dir
auf ewiglich!

Ich trag's nicht mehr, –
ich liebe dich
zu sehr.

Da steht man nun in fremder Stadt allein
mit dem, was man gefehlt und man getan,
und den man liebt, der will nicht bei dir sein
und wandelt eigenwillig eigne Bahn.

Und einer Liebe wunderreicher Hort
bleibt unerschöpft und ewig unerlebt;
ich stehe einsam hier, du einsam dort,
und sind im Tiefsten doch so ganz verwebt.

78
80

Getrennter Liebender Gebet zueinander

Komm auch heute zu mir,
bleibe auch heute bei mir.

Begleite jeden meiner Schritte
heilige mir jeden Schritt.

Hilf mir, dass ich nicht in Stricke
falle noch strauchle.

Hilf mir stark und schön bleiben,
bis ich dich nächsten Morgen so wieder bitte.

Durchdringe mich ganz mit dem Licht,
das du bist.
Wohne in mir wie das Licht in der Luft.

Auf dass ich ganz dein sei,
Auf dass du ganz mein seist
auch diesen Tag.

Vielleicht ist es gut, dass wir nicht wissen,
was Bruno T. Nacht für Nacht denkt.

Die 7 Zwerge waren sich nicht sicher, ob der Königssohn nur an dem Sarg interessiert war oder auch an Schneewittchen.

Ich wache noch in später Nacht und sinne,
wie ich dir etwas Liebes sagen möchte,
dass ich dir einen Kranz von Worten flöchte,
daraus du würdest meiner Sehnsucht inne,

die mich nach deiner Gegenwart erfüllet,
als wär' ich nur bei Dir gewahrt vor Sorgen,
als lebt' ich nur in Deinem Blick geborgen,
dem teuren Blick, der mich in Liebe hüllet.

Aus dem wirren Leben der Fiktion

War das die Liebe ...

War das die Liebe, die mich gestern streifte,
wie eines seidenen Gewandes Atem
im Dunkel, wie ein windvertragner Duft,
wie Harmonien aus der blauen Nacht,
woher, du weißt es nicht, doch stockt dein Blut
und horcht in die Geheimnisse der Dinge ...
und all dein Wesen flutet zögernd aus,
du fühlst dich wie ein Strom die Welt durchrinnen
und ahnst doch noch ein Mehr-als-diese-Welt,
wie hinter feiner Schleier Wehr noch wartend,
ein Himmelreich voll Blüten, Früchten, Sonnen,
und lächelnd winkt, die dich so sehr gerührt.

Ich liebe dich, Du Seele, die da irrt
im Tal des Lebens nach dem rechten Glücke,
ich liebe dich, die manch ein Wahn verwirrt,
der manch ein Traum zerbrach in Staub und Stücke.

Ich liebe deine armen wunden Schwingen,
die ungestoßen in mir möchten wohnen;
ich möchte dich mit Güte ganz durchdringen;
ich möchte dich in allen Tiefen schonen.

Sonntags spielt Frau Eichwald stets das Dornröschen, und ihr Mann muss sie wachküssen.

So wie ein Mensch, am trüben Tag, der Sonne vergisst

So wie ein Mensch, am trüben Tag, der Sonne vergisst, –
sie aber strahlt und leuchtet unaufhörlich, –
so mag man Dein an trübem Tag vergessen,
um wiederum und immer wiederum
erschüttert, ja geblendet zu empfinden,
wie unerschöpflich fort und fort und fort
Dein Sonnengeist
uns dunklen Wandrern strahlt.

Weinstube

DER TRAUM

Es war ein süßer Traum
von Dir, –
was, weiß ich kaum.
Doch seine Süßigkeit
blieb mir
den ganzen Tag, –
dass, als mein Schlittengleis
zur Abendzeit
die Straße lief,
da deine Wohnung lag,
der Heide, ich,
ein leis
„Gott segne dich“
als jenes süßen
Traumes letztes Grüßen
rief.

LIED

Gib auf alle Rosen acht,
die am Wege stehn:
Denn sie sollen heute Nacht
unsre Liebe sehn!

Sollen schwülen Neides voll
uns umglühn, umwehn –
und von unsren Gluten soll
ihre Glut vergehn!

Der erste Frühlingsspaziergang langweilt Herrn Möller zutiefst.

Ich möchte, Lieb, mich deinem Leib
unendlich einverleiben,
doch ach, wie können Mann und Weib
es mit einander treiben?

Sie kommen nicht zusammen, ach,
wie sehr sie sich bestreben,
sie sind wie Städte hundertfach
mit Wall und Turm umgeben.

O gäb's nicht englisches Gebild
nach irgendwelcher Pforte, –
es müsste sein: Dass ungestillt
die Liebe nicht verdorrte.

Die Liebe, die sich nicht genügt
an hartem Fleisch und Beine,
die erst erfüllt ist, eingefügt
all Mein und Dein zum Eine.

Miriam Kunkel auf der Suche nach einem Prinzen

Liebe, Liebste, in der Ferne,
wie so sehr entbehr' ich Dich!
Leuchteten mir milde Sterne,
ach, wie bald ihr Glanz erblich!

Wenn ich deine weichen Wangen
leis in meine Hände nahm,
und voll zärtlichem Verlangen
Mund zu Mund zum Kusse kam;

wenn ich deine Schläfen rührte
durch der Haare duftig Netz,
o, wie war, was uns verführte,
beiden uns so süß Gesetz!

Und nun gehst du fern und einsam.
Ach, wie achtlos spielt das Glück!
Bringt, was einmal uns gemeinsam,
noch einmal sein Strom zurück?

Liebe, Liebste, in der Ferne,
wie so sehr entbehr' ich dich!
Leuchteten uns milde Sterne,
ach, wie schnell ihr Glanz erblich!

1. Auflage
– Originalausgabe –

ISBN 978-3-8303-6362-0

Lektorat: Ariane Ossowski

Gestaltung | Herstellung: Monika Swirski

Druck und Bindung: Livonia Print
Printed in Latvia

MIX
Papier aus verantwortungsvollen Quellen
FSC® C002795
FSC
www.fsc.org

www.gerhard-glueck.de

Folgt uns!
facebook.com/lappanverlag
Instagram.com/lappanverlag
www.lappan.de